AF394945

LA THÉORIE

PRATIQUE

DE L'ESCRIME,

POUR

LA POINTE SEULE;

Avec des Remarques instructives pour l'Assaut,
& les moyens d'y parvenir par gradation :

DÉDIÉ

A S. A. S. Monseigneur le Duc de BOURBON.

Par le Sieur BATIER.

A PARIS,

De l'Imprimerie de la Veuve SIMON & FILS, Imprimeur-Libraires de
LL. AA. SS. Messeigneurs le Prince de Condé & le Duc de
Bourbon, & de l'Archevêché, rue des Mathurins 1772.

M. D. CC. LXXII.

L'Auteur demeure rue de la Coutellerie, maison
de Madame Nivelle, vis-à-vis M. Miret, Mar-
chand de Vin du Roi, Quartier de la Grève.

A SON ALTESSE SÉRÉNISSIME

MONSEIGNEUR

LE DUC DE BOURBON.

MONSEIGNEUR,

L'AMOUR que vous avez pour les beaux Arts, & en particulier pour tous ceux qui tiennent à l'Art Militaire, & la protection

a ij

généreuse que vous accordez à ceux qui les enseignent ou les cultivent, m'ont engagé à vous faire l'hommage d'un Livre qui contient les premiers principes de l'Art de l'Escrime, dont la connoissance est nécessaire à tous ceux qui sont destinés à la défense de la Patrie.

A qui pouvois-je mieux adresser cet Ouvrage qu'à un jeune Prince qui annonce déja toutes les vertus qui ont illustré les Condés ses Ayeux ?

Paroissant sous vos auspices, MONSEIGNEUR, le Public le lira avec confiance, sur-tout quand il apprendra que vous avez daigné l'honorer de votre suffrage.

Ce seroit sans doute ici le lieu où je pourrois louer les rares talens que vous avez reçus de la nature, & que d'habiles

Maîtres ont sçu perfectionner ; mais comme ils sont supérieurs à tous les éloges, je dois me borner aux sentimens d'admiration & de respect avec lesquels je suis.

MONSEIGNEUR,

DE VOTRE ALTESSE SÉRÉNISSIME,

Le très-humble & très-obéissant serviteur. BATIER.

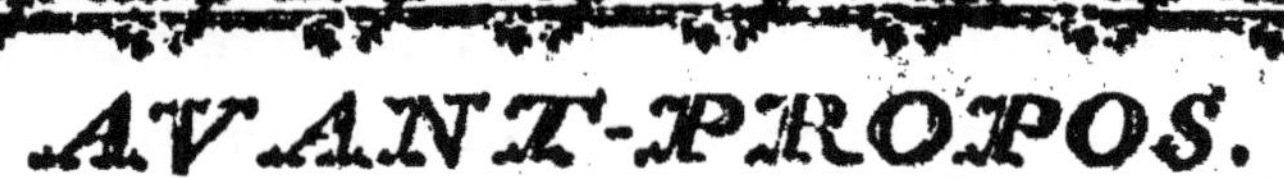

AVANT-PROPOS.

Si la lecture de ce petit Ouvrage ne donne pas la pratique, du moins elle fournira les moyens d'y parvenir; & même, pour peu que l'on fasse attention aux exercices du corps & du poignet qui y sont démontrés, on pourra déja par soi-même les rendre souples; ce qui est essentiel pour la facile exécution de cet Art : en outre, on aura la théorie de tout ce que l'on peut y pratiquer : il sera même plus gracieux à un Maître de donner leçon à quelqu'un qui aura de l'intelligence & de la souplesse.

Dans toutes les éducations, il y a deux objets à remplir, la culture de l'esprit & celle du corps.

La culture de l'esprit consiste principalement dans un soin particulier de ne l'instruire que de choses utiles, en n'employant que les moyens les plus aisés, & proportionnés aux dispositions que l'on trouve.

Le corps ne méritepas moins d'attention ; &, à cet égard, il faut avouer que nous sommes bien inférieurs, non-seulement aux Grecs & aux Romains, mais même à nos Ancêtres. Cette

partie de notre éducation est singuliérement négligée sur un principe faux en lui-même. On
convient, il est vrai, que la force du corps est
moins nécessaire, depuis qu'elle ne décide plus
de l'avantage des combattans; mais, outre qu'un
exercice continuel l'entretient dans une santé
vigoureuse, désirable pour tous les Etats, il est
constant que les Militaires ont à essuyer des
fatigues qu'ils ne peuvent surmonter, qu'autant
qu'ils sont robustes.

L'Escrime ne doit donc pas être si négligée,
puisqu'elle peut procurer de l'agilité & de la
vigueur; & de plus l'Art de se défendre.

Elle a encore l'avantage de poser le corps dans
l'état d'équilibre le plus propre à la souplesse &
à la légereté : l'expérience nous a démontré que
ceux qui s'y sont appliqués , exécutent avec
beaucoup plus de facilité & de promptitude tous
les mouvemens de l'exercice militaire.

Il ne faut donc pas regarder comme inutile,
tout ce qui peut maintenir le corps dans un
exercice violent, qui, pris avec une modération
convenable, peut être considéré comme le père
de la santé.

LA

LA THÉORIE

PRATIQUE

DE L'ESCRIME,

POUR

LA POINTE SEULE.

PREMIÈRE POSITION DU CORPS.

On commencera par placer les pieds de maniere qu'ils forment un angle droit; la tête de profil & en arriere; la poitrine très-ouverte; le bras gauche baiſſé, la main tenant la garde de l'épée, & la

A

droite fur la poignée : de-là on relevera les deux bras par-deſſus la tête, enſuite on les déploiera en croix en baiſſant les épaules.

De cette premiere poſition, on ouvrira les genoux ; enſuite on portera le pied droit à une femelle & demie de diſtance, & en ligne tranſverſale au talon gauche ; le poids du corps fur cette partie ; le bras droit un peu plus en-dedans qu'en-dehors ; le poignet du gauche un peu arrondi, & le pouce près du doigt index.

La tenue du fleuret fera d'avoir le pouce à plat fur le corps de la poignée, le doigt index deſſous, & plus avancé que les trois autres.

Premier tems de la main pour le coup de Quarte.

La premiere démonſtration fera de tourner les ongles en-deſſus, enſuite on élevera la main ; &, à ſon élévation, le bras gauche baiſſera, ainſi que les épaules.

Premier tems de la main pour le coup de Tierce.

On portera son bras en-dehors, en tournant la main les ongles en-dessous, le poignet un peu obliquement; cela fait, le poignet s'arrondira en s'élevant, le bras gauche baissera en même tems, & la main prendra la même figure de la droite; mais étendue; & les épaules baisseront. On réitérera plusieurs fois ces deux premieres démonstrations.

Détermination du coup de Quarte.

Quand on aura démontré le premier tems de la main, & avec opposition du dedans, on formera son écart de quatre semelles de distance d'un talon à l'autre, & sur la même ligne; & l'on aura soin de ne pas lever le pied droit trop haut en formant l'écart.

Situation de la Botte allongée.

Le corps au milieu de l'écart, le genou

droit plié perpendiculairement à la boucle du foulier ; le jarret gauche roide, le pied gauche à la même place, comme aux autres pofitions prifes à la démonftration de la main premiere : cela fait, on fe mettra en garde, l'épée devant foi.

Détermination du coup de Tierce.

Après la démonftration de la main, on formera fon écart, en foutenant toutes les pofitions, enfuite on fe remettra en garde fur la même ligne. On fera très-bien de refter long-tems fur la pratique de ces deux Bottes, comme étant la bafe de l'Efcrime.

De l'Engagement.

Quand on fera engagé de *Tierce*, & qu'on voudra engager de *Quarte*, le premier coup de poignet qu'on donnera pour faire paffer la pointe au-dedans, fera fait dans la ligne du corps, & le fecond fervira pour la relever ; & en même tems on retournera la main les ongles en-

deſſus, en prenant la ligne d'oppoſition
du dedans.

Si, de l'engagement de *Quarte*, on vou-
loit paſſer à celui de *Tierce*, le premier
coup de poignet ſera auſſi fait dans la
ligne du corps, & le ſecond relevera la
pointe, en tournant les ongles en-deſſous,
& le poignet obliquement ſur l'oppoſition
du dehors.

Quand on tirera le coup droit (après
l'engagement), il ne s'agira que de lever
la main en plongeant un peu la pointe,
& pour lors la Botte ſe trouvera juſte au
corps. On obſervera les mêmes poſitions
que ci-devant pour la ſituation du corps.

On fera très-bien de pratiquer long-
tems tout ce qui vient d'être dit ſur ces
premiers principes, avant que d'entreprendre les ruſes de cet Art.

Exercice.

Pour parvenir à acquérir de la facilité
à tirer & à ſe relever, on pourra s'exercer
à former un balancement, tant des bras

que du corps, & cela en restant de pied ferme. On ne fera pas mal encore de rester de tems en tems sur la partie gauche, ayant le pied droit levé, afin de se procurer de l'à-plomb sur sa garde; & sur cette position, on se portera sur *Tierce* & *Quarte* en tournant la main, & en l'élevant.

Quand on voudra déterminer son coup de *Tierce* en *Quarte*, on dégagera en avançant la main, & en la tournant les ongles en-dessus; l'on tâchera d'accorder l'écart avec le dégagement, ce qui ne produira plus qu'un seul tems : & si par hazard le corps prévenoit la main, on fera très-bien d'en suspendre la réunion, jusqu'à ce qu'on ait acquis une plus grande pratique de la main premiere.

Et à l'égard de la détermination de *Quarte* en *Tierce*, on pourra tirer les ongles en-dessus; & c'est ce qui s'appelle *Quarte sur les armes*, sur l'opposition du dehors.

Pendant le tems que l'on emploiera à se former sur ces deux objets, on pourra s'exercer fur ce qui va être dit ci-après.

Premierement, quand on fera en garde, on formera des cercles à bras tendu, tant en-dehors qu'en-dedans, grands & petits, & du poignet feulement.

Secondement, pour fe donner une idée générale des oppofitions fimples, & qui fervent de parades pour le deffus & le deffous, on démontrera la *Prime*, qui fe produira fur la ligne du dedans, la main tournée les ongles en-deffous, le poignet arrondi & élevé, le bras un peu courbé : de-là on fe portera au-dehors en le détendant, & fans changer de pofition ; enfuite on relevera la pointe par un coup de poignet, & on fe trouvera en *Tierce*, qui parera le deffus des armes. De cette troifieme pofition, on portera le bras en-dedans, mais flexible ; & le même tranchant de la *Tierce* fervira pour parer la *Quarte*. De cette quatrieme, on retournera totalement les ongles en-deffus, en élevant la main, & le coude plus rentré. De cette cinquieme, on fe portera en-dehors, en même pofition pour la *Quarte* sur les armes ; de-là on baissera la pointe, en conservant la main haute, & l'on rentrera en-dedans ; ensuite, sans rien changer, on se reportera en-dehors ; & c'est ce qui formera l'*Octave*.

En faisant attention à ces huit positions, on verra que quatre suffiront pour parer le haut & le bas : mais cependant il sera nécessaire de s'exercer sur toutes, afin d'être en état d'agir suivant les circonstances qui se présenteront.

Autre Exercice de parades.

Etant en garde, on avancera la main haute en formant un *demi-cercle* (le coude en-dedans ;) de-là on se portera un peu sur la ligne du-dehors en relevant la pointe, & en adoucissant l'avant-bras, & tournant les ongles en-dessus ; de cette position, on dégagera, & l'on se portera sur la ligne de *Tierce* ; ensuite on redégagera, & l'on reprendra la ligne du dedans. Ces quatre opérations suffiront pour parer le haut & le bas.

Autre.

Etant en garde, on formera des rondeurs avec la pointe, petites & grandes, sans déranger la position du poignet & du bras : on en fera autant sur la ligne du dehors, & de tems en tems on relevera la pointe, afin de former parade. Ces exercices procureront beaucoup de parades, & justes dans la ligne du corps. On pourra encore en produire en pointe basse, afin de rompre davantage le poignet.

Quand on voudra entrer en mesure, il ne s'agira que de porter le pied droit à une semelle de plus, & faire suivre le gauche à proportion, afin de conserver la même position de sa garde ; &, pour rompre, ce sera le gauche qui commencera, & le droit suivra.

Exercice du Salut.

Etant en garde, on portera la main au chapeau, & là, on fera deux appels du pied droit ; ensuite on baissera la pointe en élevant la main , & dans cet instant on ôtera le chapeau en retirant le pied droit derriere le gauche, de maniere que le bout se trouve près du talon ; le corps droit , les genoux roides , & la tête en arriere.

De cette position, on portera le bras droit en-dehors en le courbant, & la pointe haute ; ensuite on lâchera le pied gauche en arriere en se plaçant en garde, & en démontrant la parade de *Quarte* un peu élevée, & en fixant les personnes qui pourroient se trouver sur la ligne du dedans : de-là on se portera en parade de *Tierce*, en regardant aussi celles qui se trouveront de ce côté-là. Le salut finit là : mais il est d'usage de rentrer en mesure sur les mêmes positions qu'on s'en est éloigné ; &, en le faisant, on ramenera le bras en devant en pointe basse ; ensuite on le relevera par-dessus la tête, & en même tems on remettra le chapeau ; & pour lors on redéploiera les deux bras : on formera encore deux appels , enfuite on rentrera en mefure du pied gauche en devant, & l'on fe replacera en garde; cela fait, il faudra encore s'éloigner de la mefure en retirant le pied droit vers le gauche, & en élevant la main : on fait cette derniere retraite pour ne point fe trouver tout d'un coup à la portée de fon Adverfaire, quand on va faire Affaut.

On fera le maître de commencer le falut fur la premiere pofition du corps, & en ôtant fon chapeau ; enfuite on fe placera en garde en frappant du pied, &c.

Autre Exercice pour quelqu'un qui auroit le corps roide.

1°. On commencera par former la premiere paffe, c'eft-à-dire, qu'on avancera le pied gauche en avant fur la même pofition du falut ; enfuite on le portera, pour la feconde, plus loin ; & la troifieme produira le grand écart. La pofition de cette troifieme paffe fera d'avoir le bras en-dehors, la main de *Tierce* ; le genou gauche plié, le droit roide, ainſi que le jarret, & le talon levé : (cette attitude repréſente un Gladiateur;) & quand on l'aura pratiquée par parties, on fera enſorte de réunir le tout enſemble, c'eſt-à-dire, les trois tems; ce qui ne fera pas facile pour trouver l'à-plomb du corps : mais l'uſage en procurera l'aiſance. Il faudra ſe remettre en garde, de cette poſition allongée.

Autre.

Quand on fera en garde, on lâchera le pied gauche fort loin, le corps allongé; le bras en-dehors, la tête ſous le bras, & la main de *Tierce.* Cette attitude démontrera la Botte de *Seconde*, que quelques-uns nomment *Botte de nuit* ; & quand il s'agira de ſe mettre en garde, il faudra reſſerrer le pied gauche par gradation pour reprendre ſa garde : on fera encore le maître de retirer le pied droit vers le gauche, pourvu, cependant, que l'on ſoutienne le corps : une fois en force, on ſe remettra en garde, en repliant le genou gauche.

Exercice de la Volte.

Quand on fera en garde, on portera le pied gauche de côté, de maniere que le bout regarde le talon du droit : cette fituation de pieds démontrera la cinquieme pofition de la danfe ; & avec cela on aura les genoux roides, & la main gauche oppofée.

La Volte qui préfentera le dos à fon Adverfaire, fe pratiquera dans le même principe, excepté que le pied droit fe retournera en-dedans.

Exercice du Mur.

Quand on fera en garde, on commencera par porter la main au chapeau ; enfuite on retournera la main en *Tierce*, en ramenant le bras en devant ; & là, on le relevera par-deffus la tête, en tournant les ongles en-deffus, & en le redépliant : le chapeau s'ôtera à bras tendu ; cela fait, on tirera *Quarte :* mais la pointe décrira une autre ligne que celle du corps de son Adversaire ; parce que, si l'on touchoit, ce seroit lui manquer, attendu qu'il livre son corps, puisqu'il est vrai qu'il a la pointe basse, & le chapeau à la main, & qu'il ne s'oppose point à la présentation de la botte allongée En se remettant en garde, on saluera la Compagnie par *Tierce* & *Quarte :* cela fait, on ramenera encore le bras en devant, & on le relevera par-dessus la tête, en remettant le chapeau, & les deux bras se redéploieront pour reprendre la position de sa garde. Le Pareur relevera sa pointe, en saluant aussi la Compagnie ; après quoi, il remettra son chapeau, en formant le même contour que le Tireur. Voilà le salut du Mur.

Quand on y tirera, on aura soin d'y conserver les vraies positions de sa garde, de passer la main premiere ; & ensuite on achevera son coup en soutenant son opposition, ainsi que sa pointe. On pourra rester un moment sur sa Botte, afin d'examiner si toutes les positions sont justes & suivant les principes.

Si, au lieu de *Tierce*, on tire *Quarte* sur les armes, la parade devra faire céder la main en *Tierce*, afin que le fleuret puisse rester dans la main; & sans cette précaution, il en sortiroit facilement.

On peut dire que cet Exercice est le miroir des armes : mais les régles en sont de n'y faire aucune ruse, pas même de dégager sous le poignet.

Quand on aura tiré long-tems sur les principes de sa garde, on pourra prendre celle des genoux plus pliés, le pied droit plus éloigné du gauche , le bras plus courbe, & la main basse : cette position procurera beaucoup d'élasticité à l'avant-bras, & de légereté à la main. Et quand on parvient à y tirer promptement & avec élévation, l'Adversaire a de la peine à parer; & même il faut que sa parade soit formée plus élevée qu'à l'ordinaire, sans quoi il risquera d'être touché. Cette garde ne se prend guère au Mur , que ce ne soit de convention avec le Pareur; autrement il faudra reprendre celle de principe , afin d'éviter toute contesta-tion.

Exercice de Tierce *& de* Quarte, *étant seul.*

1°. On tirera *Quarte*; on se remettra en garde sur la même ligne, en baissant la main; ensuite on la relevera, en retirant un second coup.

2°. On tirera *Tierce*, on se remettra en garde sur la même ligne, en baissant le poignet; ensuite on le relevera, en tirant un second coup. La réitération de cet exercice, prise dans les principes, procurera de la parade & de la riposte.

Du coup de SECONDE.

Cette Botte n'est autre chose qu'une *Tierce basse*, prise en-dessous: ainsi, quand on sera engagé de *Tierce*, on fera passer la pointe vers le dessous de son Adversaire, ensuite on tirera en position de *Tierce*; & là, on sera le maître de se remettre en garde à l'épée de *Quarte*. On pare assez volontiers cette Botte du *demi-Cercle*.

De

De la QUARTE basse.

Cette Botte n'est encore qu'une *Quarte*, comme la *Seconde* n'est qu'une *Tierce* : on la tirera au moment de l'élévation de la main de son Adversaire, en faisant passer la pointe sous la ligne de son poignet. La parade de cette Botte est du *demi-cercle* : on peut cependant se servir de celle d'*Octave*.

De la FLANCONADE.

Quand on sera engagé de *Quarte*, on fera passer la pointe vers le dessous, & sans quitter la lame de son Adversaire ; on baissera un peu la main, afin que le fort puisse prendre son foible : on pourra encore opposer la main gauche, en tirant cette Botte ; &, si c'est en riposte, elle devient presque inutile : sa direction est au flanc. La parade de ce coup est de tourner la main de *Tierce* en pointe basse, & rendre riposte en *Seconde*, la main plus basse qu'à l'ordinaire, à cause

B

de la situation du fer de l'Adverfaire, qui fe trouve être plus bas; par conféquent on tirera en oppofition par ce moyen; &, fi on veut ramener fon fer au-dedans, il faudra relever la pointe en tournant les ongles en-deffus, le bras un peu courbe, & en fe repliant fur la partie gauche; & là on donnera un coup fec du tranchant de l'épée qui favorifera au coup de *Quarte.*

De la feinte de Tierce *pour tirer* Quarte, *qu'on nomme communément* Une-deux.

Cette feinte doit fe paffer fort légerement de la main, & un peu en pointe baffe, en avançant le bras : la réuffite vient de ce que l'Adverfaire s'oppofe en *Tierce* au premier dégagement, & qu'il n'aura pas été affez prompt à revenir en parade de *quarte,* ou au *demi-cercle,* ou bien en *prime.*

De la feinte de Quarte *pour tirer* Tierce ou Quarte *sur les armes.*

Cette feinte se passera aussi légerement, & dans le même principe que l'autre, & sa réussite viendra de ce que l'Adversaire se sera opposé à *Quarte*, & qu'il aura eu un retard à sa parade de *Tierce*.

Les feintes en trois tems se passeront dans les mêmes principes que ci-dessus; & les trois dégagemens que l'on sera obligé de former avant la détermination, procureront beaucoup de retenue de corps.

La feinte de *Tierce*, pour tirer *Seconde*, se démontrera un peu élevée, afin d'obliger l'Adversaire à élever sa parade; & à l'instant de son élévation, on tirera en-dessous. Et à l'égard de la feinte de *Quarte*, sa démonstration sera aussi élevée, & l'on profitera de l'instant de la parade haute de l'Adversaire pour achever sous la ligne de son poignet.

Feinte de Seconde *pour tirer* Quarte *sur les armes.*

Quand on sera engagé de *Tierce*, on marquera vers le dessous ; de-là on relevera la pointe en retournant les ongles en-dessus (en observant son opposition); ensuite on tirera sur les armes ; &, si on ne veut pas achever, on se reportera en *Seconde* : ce qui produira pour lors trois tems : on se relevera sur la ligne de *Tierce* ou de *Quarte.*

Du Coupé sur pointe.

Quand on sera engagé de *Quarte*, on produira un battement ; ensuite, par un coup de poignet, & l'avant-bras un peu retiré, on déterminera sa Botte en *Quarte* sur les armes, ou bien en *Seconde.*

Si l'on est engagé du côté de la *Tierce*, on fera aussi un battement, & l'on déterminera au-dedans. On sera le maître de faire un dégagement après le coupé ; & cela dans la détente du bras, ou bien de marquer feinte. Et, fur un forcement de *Quarte*, la main un peu haute (de la part de l'Adverfaire) on déterminera le coupé en *Seconde*.

Les Parades trompées.

Pour tromper la parade du *contre* en *Tierce*, il ne s'agira que de dégager au-dedans, enfuite on paffera au-dehors par-deffus la lame; (ce qui produira le tour de l'épée), & l'on rentrera au-dedans par un dégagement où l'on tirera *Quarte*, ou bien on y marquera, & l'on reviendra terminer en *Quarte* fur les armes; pour lors on aura trompé le fimple de *Quarte*; & fi l'on ne veut pas rentrer au-dedans, (après le tour de la lame) on fera le maître de marquer la feinte de *Seconde* pour terminer en *Quarte* fur les armes.

Et pour tromper le *contre* de *Quarte*, on dégagera au-dehors; & fitôt que l'on fentira être ramené au-dedans, on redégagera pour achever en *Quarte* fur les armes; ou bien on marquera feinte pour revenir au-dedans ; pour lors le *contre* & le *simple* feront encore trompés.

Les liemens de lame fe tromperont comme les *contres* ; & même on pourra y produire des coupés, afin de faire perdre la lame à fon Adverfaire.

On trompera la parade *demi - Cercle*, aufli-tôt qu'on fentira que le marquement de *Seconde* fera traverfé par cette parade; pour lors il faudra, (à l'inftant de la formation) y retourner pour achever fon coup. Comme quelquefois on pare la *Quarte* par le *demi-Cercle*, ou la *Prime*, le marquement devra être au-dedans des armes, au lieu de *Seconde*.

Et, fi par hazard au marquement de *Seconde*, on fe trouvoit contrarié par le *demi-contre* * de *Quarte*, il faudra pour lors dégager, & tirer *Quarte* fur les armes, ou bien marquer *une-deux*.

Pour tromper le *demi-cercle* & l'octave

---

* Le terme de *demi-Contre* eft peu ufité dans les Académies, attendu que c'eft la même opération que le *Contre*.

en même tems, il faudra marquer deux fois en *Seconde* ; la première fois pour le *demi-Cercle*, & la deuxième pour l'*Octave* ; ensuite l'on achevera sa Botte en *Quarte* sur les armes.

La parade de *Prime* se trompe comme le *demi-Cercle* : & la parade de *Seconde* (la main tournée de *Tierce*, & pointe basse) comme l'*Octave*.

Comme la parade du *demi-Contre* n'est qu'un dégagement, & qu'elle produit le même effet que le *Contre*, pour le renvoi de la lame, il ne faudra seulement qu'avancer la main sur la même ligne de l'engagement ; ensuite dégager & tirer, ou marquer *une-deux*.

Ex. Quand on avancera sur *Quarte*, on se trouvera renvoyé sur la ligne de *Tierce* ; & quand ce sera sur *Tierce*, on sera renvoyé sur *Quarte*.

Du Coulé ou froissement.

Avant que de former celui de *Tierce*, il sera bon d'avoir les ongles en-dessus,

& le bras courbe; ensuite on le détendra, en tournant la main obliquement:
& pour celui de *Quarte*, on ne fera
qu'avancer la main un peu plus en-dedans, & en même position.

Du coulé & battement en même tems.

Il faudra faire ensorte que ces deux
opérations se produisent dans le même
tems par un coup sec du poignet, & sans
que le bras sorte de la ligne du corps : &
le battement de *Quarte* se produira du
tranchant de l'épée, par conséquent la
main se trouvera être partagée entre
Tierce & *Quarte.*

Quand on formera un battement seul,
le bras restera sur sa position ; alors il n'y
aura que le poignet qui agira dans cette
opération.

On pourra pratiquer de petits battemens, sans tourner la main, & l'on produira en même-tems feintes, ou coupés.

Quand on aura bien pratiqué tout
ce qui vient d'être dit, on pourra en-

treprendre de parer & tirer à toutes feintes ; cet exercice est propre pour parvenir facilement à l'Assaut ; mais, pour le bien pratiquer, il faudra rester de pied ferme l'un & l'autre. Le Tireur aura plus davantage que le Pareur, parce qu'il n'y craindra point de ripostes, attendu que ce n'est point l'usage d'en rendre dans cet exercice. Chaque fois que l'on aura tiré, on se remettra en garde ; cependant le coup de main en *seconde* peut s'y pratiquer.

Exercice de parades & de ripostes.

1°. Le premier qui tirera *Tierce*, sera paré par la même parade, & on lui rendra riposte sur la même ligne, qu'il parera en se remettant en garde, & il ripostera le même coup : le même coup se retirera, & sera aussi paré par la *Tierce* ; mais la riposte sera rendue en *Seconde*, qu'on parera par le *demi-Cercle*, en se remettant en garde ; l'on rendra riposte au-dedans tout de suite, & l'on se remettra en garde.

2°. On tirera *Quarte*, & l'on parera par *Quarte*; & la riposte sera rendue sur la même ligne, qu'on parera aussi en se remettant, & tout de suite on rendra le même coup : le même coup se retirera, & sera paré par la même parade; mais la riposte sera rendue en *Quarte basse*, parce que la hauteur de la main & de l'opposition couvrira la ligne de *Quarte*; & même, avant que de riposter, on prendra la précaution d'opposer la main gauche pour plus grande sûreté. Le Tireur se relevera en pointe basse, & rendra riposte au-dedans.

Riposte après la parade du Contre.

1°. Le Tireur, en dégageant, tirera *Tierce* ou *Quarte* sur les armes; son coup sera renvoyé sur la ligne du dedans, & cela par la parade du *Contre* en *Quarte*; & on lui rendra riposte de *Quarte* : il se relevera au *demi-Contre* de *Tierce*, & pourra rendre riposte sur la même ligne, ou bien sur celle de *Seconde*.

2°. En dégageant, on tirera *Quarte*; le coup sera renvoyé sur la ligne du dehors par la parade du *Contre* en *Tierce*: on rendra riposte en *Tierce*, si l'on a baissé son fer; & si, au contraire, on l'a élevé, ce sera en *Seconde* : pour lors, le Tireur se relevera suivant la riposte : si c'est en *Seconde*, ce sera en parade du *demi - Cercle*, & il rendra riposte du *demi-Cercle*, en-dedans; &, si c'est en *Tierce*, il se remettra du même côté; ou bien au *demi-Contre* de *Quarte*, & rendra riposte, soit en *Tierce*, ou *Seconde*; ou en *Quarte*, s'il s'est servi du *demi-Contre*.

Coups rendus au pied levé, en dégageant; & parade du Contre, en se remettant en garde.

1°. Engagé de *Quarte*, on tirera *Tierce* ou *Quarte* sur les armes; le coup sera renvoyé au-dedans, par la parade du *Contre* en *Quarte*; &, à la premiere démonstration de retraite, on dégagera,

& l'on tirera *Quarte* fur les armes : pour lors, celui qui fe relevera, fe fervira de la parade du *Contre* en *Quarte*, & redégagera pour tirer fur les armes ; & l'autre fe remettra, en formant la même parade.

2°. Engagé de *Tierce*, on tirera *Quarte* ; le coup fera renvoyé au-dehors, par la parade du *Contre* en *Tierce* : on dégagera, & l'on tirera au-dedans ; & l'autre fe fervira de la même parade, & il redégagera, & tirera au-dedans, où il fera encore renvoyé par la parade du *Contre* en *Tierce*.

Le réitération de cette manœuvre ne pourra produire qu'un très - bon effet pour l'Affaut.

Autre Exercice.

1°. On fera un battement de *Tierce* : après quoi, on fe reportera fur la ligne du dedans, en fe repliant fur la partie gauche ; & l'autre tirera le coup de *Quarte* fur les armes au moment de l'ou-

Verture, qu'on parera de *Tierce* : enfuite
on ripoſtera en *Seconde.*

2°. On fera un battement de *Quarte* :
après quoi, on ſe portera ſur la ligne du
dehors ; & l'autre profitera de cet inſtant
pour tirer *Quarte*, que l'on parera par
Quarte ; & la ripoſte ſe rendra ſur la
même ligne.

Autre.

Tous deux ſe mettront en garde
pointe baſſe, & la main haute ; &, ſur
cette poſition, on fera un battement :
celui qui l'aura formé, ſe portera ſur
l'*Octave* ; & l'autre tirera au-dedans tout
de ſuite, & ſera paré par la même poſition du battement, & la ripoſte ſera
renduë. Après pluſieurs réitérations, on
pourra changer de poſition, c'eſt-à-dire,
que la main prendra la figure de la *Tierce*;
par conféquent ſera en *Prime*, & le battement ſe produira ſur cette poſition ;
enfuite on ſe reportera au - dehors en
même ſituation ; & l'autre profitera de
cet inſtant pour tirer au-dedans, où il

sera paré par la *Prime*, & la riposte s'en-
suivra. On pourra, au lieu de la parade
de *Prime*, se servir de celle de *Quarte*, &
rendre la riposte. Cet exercice donnera les
parades promptes, ainsi que les ripostes.

Exercice du Coup de tems sur la marche.

1°. Si l'on marche à l'épée de *Tierce*,
on dégagera, & l'on tirera *Quarte*, que
l'Adversaire parera en ripostant.

2°. Si l'on marche à l'épée de *Quarte*,
on dégagera, & l'on tirera dans son dehors : l'Adversaire parera, & rendra la
riposte du dessus ou du dessous.

3°. Quand on marchera sur *Tierce*,
& qu'on laissera un vuide sur cette ligne,
on tirera droit du fort au foible, & la
parade devra plutôt être de *Prime* que de
Tierce; & en la formant, on opposera
la main gauche vers le dessous du bras
droit, & on le détendra seulement pour
rendre riposte ; & le corps se portera
sur la partie du devant sans écart.

Comme presque toutes les ripostes

doivent être rendues au pied tombant, on ne fera guère dans le cas de produire l'écart pour cette opération : mais il faut beaucoup d'ufage pour opérer ainfi.

4°. Si l'on marche fur *Quarte*, la main baffe & la pointe haute, on tirera droit avec élévation, & en plongeant la pointe; pour lors on élevera la parade de *Quarte*, & l'on rendra la ripofte en *Quarte baffe*, en oppofant la main gauche; & fi, au contraire, on marche en main élevée, on tirera la *Quarte baffe*, en portant fon pied plus en-dedans pour plus grande fûreté : ce coup fera paré au *demi-Cercle*, & l'on rendra ripofte; & fi on le pare en *Octave*, on ripoftera pour lors en *Seconde* fur la même pofition.

Exercice du coup de tems, en rompant un pas de mefure.

1°. Quand on marchera fur *Tierce* avec précipitation, on dégagera en rompant, & lon tirera *Quarte*; & fi l'on ne veut pas rompre, on voltera.

2°. Sur la marche du dedans, on dégagera, & l'on tirera au-dehors. La volte sur cette ligne sera plus difficile que sur l'autre, attendu qu'il la faudra produire tout différemment. Il s'agira donc de porter le pied droit sur la cinquieme position de la danse ; ensuite le gauche s'y placera aussi, & l'on opposera la main gauche : cette attitude est fort belle.

3°. Les coups droits se tireront, quand on marchera sur la fausse ligne d'opposition.

Les coups de tems, pris sur la marche, sont sans contredit les plus certains, attendu que l'on ne peut pas marcher, & tirer en même tems ; cependant il y a des personnes qui veulent prouver le contraire ; leur usage est de tirer hors de mesure, en faisant marcher le pied gauche au moment que le droit se leve pour tirer ; & , si on leur prend le tems sur cette manœuvre, ils prétendent que l'on rend : mais ils se trompent ; tout ce qu'il y a, c'est qu'il faut tâcher, en le prenant, d'éviter le coup pour coup par son opposition ;

&,

&, pour plus grande sûreté, on pourra encore opposer la main gauche en cavant le côté droit, ou bien en lâchant le pied gauche. Je conseille donc d'éviter cette manœuvre, parce qu'elle fait perdre l'à-plomb du corps; ce qui est très-dangereux dans une affaire sérieuse : ainsi je crois qu'il est plus à-propos de marcher ou d'avancer le pied gauche vers le droit, que d'agir de cette maniere; du moins, par ce moyen, on se trouvera être sur les jambes, par conséquent en état de parer le coup de tems, & d'avoir la riposte pour soi.

Si par hazard (étant en mesure) on démontre une position de pointe basse, ainsi que de la main, on pourra se développer, à l'instant de la prise de cette situation : il en sera de même, sur un marquement produit à la tête; mais le développement se fera en *Seconde*.

Autre sur l'Engagement.

Sitôt que l'un des deux quittera

l'épée, il faudra que l'autre saisisse l'instant du passage de la pointe, pour tirer droit : mais, s'il souffre l'engagement, ou du moins la ligne, il sera pour lors obligé lui-même de dégager, & de tirer au-dedans ; bien entendu que c'est du côté de la *Tierce* qu'on aura voulu faire l'engagement ; car, si c'est du côté de la *Quarte*, ce sera en-dehors, si on n'a pas saisi le premier tems du dedans. Il faudra beaucoup d'usage pour l'exécution prompte de ces sortes de coups.

Autre sur le Coupé.

Sitôt qu'on formera un Coupé sur la ligne du dedans, on tirera droit sur la ligne du dehors ; &, s'il est formé sur la ligne du dehors, on tirera au-dedans. On trouvera encore plus de facilité à l'exécuter, si l'Adversaire le produit sans faire un battement ; & cela à cause de la direction de la pointe au corps qui ne se trouvera pas être dérangée.

Autre sur le Coulé.

1°. Quand on le formera sur *Tierce*, on tirera *Quarte*, en opposant la main gauche, afin d'éviter le coup pour coup. Je trouverois même plus à-propos (pour plus grande sûreté) qu'on fît un battement de *Quarte*, & qu'on rendît tout de suite le coup, plutôt que de le prendre. On fera là-dessus ce que l'on jugera à-propos, cela dépendra de la situation de la pointe de celui qui aura formé le coulé.

2°. Et quand on le produira en *Quarte*, ce sera en-dehors qu'il faudra tirer. Si par hazard on le formoit foiblement, on tirera droit du fort au foible.

Autres coups de tems sur la démonstration des parades.

1°. Quand on préviendra la parade du *demi-Cercle*, il faudra vîte repasser au coup de *Seconde*; &, si par hazard on la démontroit en main basse, on tirera par-dessus la monture.

C ij

2°. Si l'on prévient l'*Octave*, en faifant rentrer la pointe en-dedans, comme voulant parer la *Quarte baffe*, pour lors on tirera par-deffus du côté du dehors; mais on oppofera la main gauche, à caufe de la pointe qu'on laiffe fur le corps.

3°. Au premier liement du *Contre* en *Tierce*, on tirera au-dedans, ou bien, au relevé de la pointe, en *Quarte* fur les armes, & du fort au foible; enfuite on paffera encore, fi l'on veut, la pointe vers le deffous, en lâchant le coup de main.

4°. Sur le liement du *Contre* en *Quarte*, on tirera au-dehors, & l'on pourra encore produire le coup de main.

5°. A la premiere démonftration de la *Prime*, on tirera en-deffous; & quand on ne fera que préfenter le coup, & qu'on tirera d'un autre côté, pour lors ce ne fera plus le tems, mais on aura trompé la parade; & à la préfentation, on pourra fort bien être arrêté foi-même, c'eft à quoi il faudra prendre garde; car fouvent on démontre les parades, afin d'attirer fon Adverfaire dans le piége. *Ex.* En voulant tromper la parade du *Contre* en *Tierce*, on peut fort bien être arrêté par la pofition d'*Octave*, ainfi que fur celles du *demi-Cercle* & de *Prime*; & fur le *Contre* en *Quarte* d'un coup droit au-dehors; & quelquefois auffi on a deffein de parer & ripofter. Enfin l'Efcrime n'eft remplie que de rufes, tant du corps que de la main; & même il y a des pofitions de fantaifie qui peuvent fort bien réuffir, pourvu, cependant, qu'elles foient prifes avec jugement & viteffe. Mais, à l'égard de la production des parades, il faut toujours qu'elle foit faite fuivant les principes de l'Art, c'eft-à-dire, juftes l'épée devant foi, & du poignet feulement, & avec le fort de l'épée fur le foible de celle de fon Adverfaire; par conféquent le raccourciffement de l'avant-bras eft quelquefois néceffaire dans certains cas, fur-tout quand on fe trouve près l'un de l'autre.

Je crois qu'il eft fuffifant d'avoir démontré une partie des endroits où l'on pouvoit prendre les coups de tems : ainſi nous n'en parlerons pas davantage ; c'étoit même aſſez, pour en faire connoître toute l'étendue, de l'article où l'on quitte l'épée pour produire un dégagement.

On peut dire hardiment que l'exercice du coup de temps eſt le plus pénible de l'Art, tant pour la prompte exécution, que pour l'attention : le jugement y a beaucoup de part ; & ce n'eſt qu'à force de pratique que l'on y parvient.

La parade & la ripoſte prompte ont auſſi beaucoup de difficultés pour bien juger la détermination de la Botte : mais ce jeu eſt moins pénible que celui du coup de temps, parce qu'il n'y a pas tant de développement à produire.

Par le jeu d'attaque on ébranle ſouvent ſon Adverſaire, ſur-tout quand on marche en tenant ſa lame, & l'épée bien devant ſoi ; &, de plus, que l'on démontre que l'on eſt prêt à parer le coup de tems : cette maniere d'entrer en meſure annonce un homme qui ne craint rien. La marche fiere & le frappement du pied ont quelque chose qui peut déconcerter : mais, si, au lieu de le laisser faire, on le traverse par un demi-tems, ou une feinte de la main, il se trouvera pour lors obligé de suspendre sa premiere idée, & de chercher parade; & si, au contraire, on le laisse faire à sa volonté, c'est une preuve qu'on l'attend à la détermination de son coup pour le parer & riposter.

Ces trois jeux, que l'on pratique à l'Assaut, demandent un long usage pour les bien exécuter : il est même fort rare de trouver un homme parfait dans les trois, pour la prompte exécution; il y aura toujours quelque chose qui ne sera pas saisi dans le tems qu'il le faudra : enfin, s'il s'en trouvoit un, il ne seroit pas aisé de le vaincre, parce qu'il auroit tout pour lui.

Reprise de Quarte, après le coup tiré, & sans se relever.

Il ne s'agira, pour cela, que de produire une retraite du corps, & rentrer le même coup, la main de *Prime :* cette position est plus favorable que les ongles en dessus : on pourra encore faire cette reprise en *Quarte* sur les armes ; mais elle est plus difficile de ce côté-là, à cause du dégagement. Il faudra faire attention de n'être pas pris soi-même en faisant la retraite du corps, comme cela pourroit fort bien arriver. Pour moi, je serois d'avis que l'on fît plutôt une retraite du pied droit vers le gauche (en soutenant le corps) en reproduisant un écart. On fera là-dessus ce que l'on jugera à propos.

Pour éviter cette reprise, il sera donc nécessaire de soutenir son opposition & ne pas quitter le fer, & même d'opposer encore la main gauche.

Auparavant que d'entreprendre l'Assaut, il est bon de savoir que chacun prendra la garde qu'il jugera à-propos, & même qu'il manœuvrera suivant son idée ; ainsi il faudra agir selon les circonstances qui se présenteront, & ne pas trouver mauvais tout ce qui pourra être fait de contraire aux vrais principes de l'Art : car enfin on emploie toutes sortes de rufes pour vaincre son ennemi.

Les Jeux bizarres pourront très-bien embarraffer ceux qui commenceront leurs premiers Affauts fur les vrais principes ; mais quand ils en auront fait plufieurs, ils en connoîtront mieux la néceffité d'en faire ufage.

Les différentes pofitions de garde ne défigneront pas toujours un jeu contraire aux vrais principes, puifqu'il eft certain que l'on fera quelquefois obligé de les imiter pour mieux être à portée de fe défendre, (fur-tout dans les gardes baffes) afin de pouvoir engager l'épée fans trop fe découvrir.

Voici à-peu-près une partie des gardes connues, & qui ont un nom décidé ; & à l'égard des autres pofitions qui en différent, elles deviennent gardes de caprice.

DE LA GARDE ITALIENNE.

La position de cette garde est d'avoir les genoux extraordinairement pliés, les pieds éloignés l'un de l'autre d'environ trois femelles, le bras fort courbe, la main près de la cuisse, & le bras gauche en avant, afin de parer de la main gauche, & riposter de la droite : cette manœuvre vient de ce qu'en Italie, on se sert du poignard en même tems que de l'épée. Ce jeu est encore d'usage aux réceptions des Maîtres.

Les oppositions de main gauche qu'on pratique de tems en tems en France, représentent ce jeu, excepté que nous parons du fer, & qu'elles ne servent que pour éviter une rentrée en cas de besoin.

Pour tromper ce jeu, on pourra à-peu-près imiter la garde, ensuite tirer à demi pour tromper la parade de main ; & sitôt qu'on tirera, on parera & ripostera.

Il ne faut cependant pas s'imaginer que ceux qui tiendront cette garde, n'ont d'autre ressource que de parer de la main gauche, on tomberoit dans l'erreur; car ils ont, comme nous, la parade du fer, sur-tout *Tierce* & *Quarte*

DE LA GARDE ESPAGNOLE.

Cette garde est d'avoir le bras tendu, le corps en avant, le côté droit cavé, les pieds peu éloignés, le genou gauche roide, & le droit plié; outre cela, l'arme est fort longue.

Le jeu de cette garde est de tendre en rompant, & il ne souffre guère l'engagement; ainsi quand on entrera en mesure, il faudra le faire en passe; ce qui procurera tout d'un coup deux mesures; & une fois maître de la lame, & que la pointe sera hors du corps, on agira en conséquence de son avantage.

La parade de cette arme n'est guère qu'en pointe basse; comme, par exemple, *Prime, Seconde,* demi-*Cercle* & *Octave.*

Les Voltes y font fréquentes ; & les Bottes que l'on y tire, vont fouvent à la gorge, & même à la tête. Je préfume bien qu'au fleuret, on a la précaution de tirer au corps, fans quoi les mafques font néceffaires.

DE LA GARDE ALLEMANDE.

La pofition de cette garde eft d'avoir le genou gauche roide., le droit plié, le corps en avant , & fur la pofition de *Seconde*. Les Efpadonneurs en font ufage par rapport à la retraite du corps, & c'eft ce qui les favorife pour frapper fur le poignet.

Ordinairement la parade favorite de cette garde eft la *Prime ;* & cela, quand il eft queftion de quitter la ligne de *Seconde* pour parer le deffus : ils parcourent ces deux lignes, comme nous parcourons *Tierce* & *Quarte* en pointe haute.

Cette garde n'eft point difficile à combattre pour fa pofition feulement, puifqu'il ne faudra que marquer feinte de *Seconde*, & tirer *Quarte* sur les armes, ou bien faire encore un marquement, & achever en *Seconde*. Mais celui qui tiendra cette garde, pourra très-facilement reprendre la nôtre, & par ce moyen gagnera une retraite du corps, qui le mettra à portée d'éviter la Botte, quand même il ne pareroit pas de son fer : nous varions même quelquefois la nôtre sur cette position, & cela pour démontrer une demi-Botte. De plus, nous portons encore notre bras sur différentes lignes d'opposition, afin d'attirer l'Adversaire à donner dans ces sortes de variations.

REMARQUES.

Quand on trouvera quelqu'un qui aura une arme fort longue, je conseille de ne pas tout d'un coup se placer en garde dans sa mesure, à cause qu'il pourroit fort bien (à l'instant du croisement) tirer en main basse, & lancer une botte au bas-ventre, comme s'il tiroit un coup de dague ; & pour l'ordinaire (avec cette arme) on se replace en garde en main basse & le bras courbe ; & même quelquefois la pointe près du pied , afin de ne point livrer la lame. Comme on aura deux mesures à produire avant que d'être à portée de tirer sur lui, il sera bon d'y entrer en passe ; & , s'il vient à prendre le tems , ce sera de parer au *demi-Cercle* ou d'*Octave* , & même de caver encore le côté droit : & , si par hazard c'est quelqu'un qui ait de l'art, le jeu en sera plus difficile à combatre , attendu qu'il ne souffrira aucun engagement, & tirera souvent à demi-coup, & même quelquefois à la main ou au bras ; c'est pourquoi il faudra beaucoup de précautions pour s'en garantir. Par exemple , les croisés sont très-favorables à produire contre ce jeu, mais il faut beaucoup d'usage pour les bien exécuter. Les Contre-pointeurs les pratiquent souvent dans leur jeu ; mais, pour nous, nous ne les faisons qu'accidentellement , parce qu'il faut trop souvent rompre quand on les produit, & cela ôte la riposte

Sur un bras roide & la pointe au corps, il faudra faire des battemens, & agir en conféquence. Il y en a même qui ne fe fient que fur la force de leur poignet, & qui entrent hardiment en mefure fur cette pofition ; alors il faudra volter, en oppofant la main gauche.

Si un Adverfaire avoit la garde baffe, & fur la pofition de *Seconde*, il ne s'agira que de baiffer un peu la fienne, en l'oû-vrant davantage, afin d'être à portée de faire un battement de *Quarte*, qui pourra très-bien lui faire tomber l'arme de la main, à caufe des ongles en-deffous.

Voilà à - peu - près toutes les pofi-tions du corps que l'on peut rencontrer dans cet exercice ; maintenant il eft queftion de combattre différens jeux, & même contraires aux principes de cet Art; &, de plus, d'éviter les coups pour coups.

AUTRES REMARQUES.

1°. Si l'on entre en mefure à bras

tendu, la pointe au corps, & qu'enfuite on le retire pour dégager & tirer en main baffe, je confeille de parer & ripofter, plutôt que de prendre le tems.

2°. Quand on entrera en mefure avec précipitation, & à bras tendu en formant des rondeurs, & qu'on retirera encore le bras pour tirer en main baffe, il faudra rompre un pas de mefure en parant en pointe baffe, & rendre plutôt ripofte que de tromper ces rondeurs, à caufe du coup pour coup qu'il y auroit à craindre.

3°. Si l'on entre en mefure à l'épée de *Quarte*, en faifant paffer la pointe vers le deffous pour tirer la flanconade, on doit plutôt s'oppofer en parade que de prendre le tems, à moins qu'on n'oppofe la main gauche en tirant fur le dehors.

Pour l'ordinaire, les jeux fans principes font furieux ; mais il ne faut que de la prudence & de l'art pour les vaincre.

Quand on tirera avec des perfonnes
qui

qui n'auront qu'une foible connoissance
de cet Art, & qui iront à tort & à travers,
il faudra leur donner beaucoup de jour au-
dedans, & avoir le bras un peu courbe,
la pointe élevée, la main, les ongles en-
dessus; & si par hazard ils donnent dans
le piége de l'ouverture, on parera ferme
en retournant la main, & en position de
Seconde : cette parade conviendra mieux
que le *demi-Cercle* ou la *Quarte.*

Comme tous les hommes ont une certaine ruse pour se défendre, il pourroit arriver que bien des gens ne fissent que marquer une demi-Botte, & achever en-dessus;
pour lors on sentira que la parade n'aura
pas produit son effet : ainsi on relevera la
pointe en parant *Tierce*, & en se repliant
sur la partie gauche : d'après cette parade,
on ripostera *Tierce* ou *Seconde*; &, quand
on voudra leur marquer quelques feintes,
il sera presqu'inutile de le faire dans la
ligne du corps, attendu qu'elles ne se-
roient pas assez significatives pour les
obliger à former parade ; & même on
pourra hardiment produire des appels du

D

pied en avançant la main : cette petite manœuvre sera suffisante pour combattre des jeux sans principes. Si, par hazard, on venoit à se servir des *Contres*, il sera bon de les former plus en pointe basse, & même le circuit plus grand, à cause des dégagemens des Adversaires, qui, pour l'ordinaire, sont toujours produits hors de la ligne du corps. De plus, on ne devra point craindre de riposte, attendu que leurs parades sont toujours produites du foible de l'épée, & encore très-écartées du corps. Il est même rare qu'ils restent de pied ferme; car, à la moindre démonstration, ils rompent; ensuite ils reviennent présenter des demi-Bottes hors de mesure, & malgré cela rompent encore ; &, pour les rejoindre avec facilité, il faudra avancer le pied gauche vers le droit, ou produire la seconde passe.

Enfin chaque homme a sa maniere de se défendre; c'est pourquoi il sera nécessaire de se prêter aux circonstances qui se présenteront; & ne pas même dire, (quand on sera touché) qu'on n'a pas tiré en régle : ce seroit une mauvaise raison à alléguer ; car l'Art nous apprend à parer notre corps depuis le haut jusqu'en bas, & d'éviter même le coup pour coup : c'est pourquoi l'opposition de la main gauche est admise dans certains cas, malgré celle que l'on prend en tirant. On sait que les deux oppositions, c'est-à-dire, *Tierce* pour *Tierce*, *Quarte* pour *Quarte*, doivent se rencontrer : mais, si l'un des deux prend la ligne du bas, & encore en main basse, infailliblement le coup pour coup sera produit. Et, quand on tirera *Seconde* pour *Seconde*, *Quarte basse* pour *Quarte basse*, les deux oppositions se rencontreront encore : mais quelquefois on a le malheur de les manquer ; c'est pourquoi je conseille plutôt de parer & riposter sur ceux qui tirent sans principes, que de prendre certains coups de tems ; & même il ne faudra pas toujours s'attendre qu'ils iront à la parade du coup qu'on pourra leur porter, on tomberoit encore dans l'erreur. Il faudra donc, par sa prudence & par l'art, tâcher d'éviter qu'ils ne se mettent au même niveau de celui qui auroit appris cet Art; & ce seroit le faire, que de produire le coup pour coup.

AUTRES REMARQUES.

Pour se donner une forte idée de sa mesure, il ne s'agira que de se placer en garde, bras tendu, & qu'un autre en fasse autant; que ce soit à arme égale, qu'il y ait même taille, même production d'écart, pour lors on remarquera que le fort de l'épée sera au foible, & qu'on pourra toucher en s'allongeant : d'après cette expérience, l'un des deux rompra un petit pas, après quoi il retirera ; & pour lors il verra qu'il aura tiré hors de mesure : cela fait, il ira prendre une plus longue lame, & se replacera en garde à l'endroit où il n'aura pu toucher avec l'autre; il retirera, & touchera par la longueur de sa lame.

Souvent on croira quelqu'un hors de

mesure, tandis qu'il y sera, attendu qu'il
y a des hommes qui s'étendent plus les
uns que les autres : il sera donc ques-
tion d'y prendre garde. La grandeur d'un
homme fera tout d'un coup présumer
qu'il aura cet avantage ; cependant ce
ne sera pas toujours une régle certaine ;
car il peut fort - bien se rencontrer de
petits hommes qui forment de très-
grands écarts.

Autres.

Avant que d'entrer en mesure, il sera
bon de produire deux ou trois dégagemens & quelques appels du pied, afin
de connoître à-peu-près le jeu de son
Adversaire, & même on pourra produire une fausse marche ; &, par cette
petite manœuvre, on connoîtra si c'est
un jeu à coups de tems ; attendu que
sur la fausse marche, il pourra fort-bien
tirer, ou du moins en faire la démonstration : pour lors on agira en conséquence,
en se mettant à portée de parer quand
on entrera en mesure. Si, au contraire,

en voit de l'ébranlement, on ne risquera rien d'attaquer vigoureusement, sur-tout en tenant la lame de l'Adversaire, & de terminer sa Botte, ou bien de marquer feinte pour tirer d'un autre côté.

On ne pourra guère connoître le jeu de riposte, qu'en marquant des demi-Bottes ; parce que, sitôt que l'Adversaire se portera en parade, il rendra la main. Ordinairement celui qui pratique ce jeu, donne volontiers du jour. Il n'en est pas de même de celui du coup de tems ; on y est fidele observateur de sa garde, afin d'être toujours prêt à tirer à la moindre démonstration : c'est pourquoi il sera nécessaire de ne rien produire au hazard & par routine ; & même je conseille de ne pas former (dans la mesure) des parades composées, & cela vis-à-vis de quelqu'un qui aura une grande vitesse ; parce que l'on pourroit fort-bien en être la dupe, à moins que d'y joindre une retraite du corps.

Quoiqu'on se soit exercé aux trois jeux en même tems, il ne faudra pas s'imaginer les poſſéder au point d'en faire uſage quand on le jugera à-propos, on tomberoit dans l'erreur. Par exemple, ſi l'on n'avoit qu'un an ou dix-huit mois d'exercice, le jeu d'attaque conviendra mieux pour ſe défendre que les deux autres; & même après ce tems-là, on ne ſera pas encore en état de le produire dans ſa perfection.

A U T R E S.

Quand on voudra parer la *Seconde* par la *Quarte*, pour lors ce ſera du talon de l'épée, autrement dit, du fort près de la monture : cette parade n'eſt pas aiſée à exécuter, quoiqu'il n'y ait que la main à baiſſer ſur la ligne du deſſous, en retirant un peu l'avant-bras. Quand on tirera ce coup fort haut, la difficulté en deviendra moins grande pour le tireur : mais le plus grand nombre le tire pointe baſſe; c'eſt pourquoi on ſe ſert ſouvent, ou du *demi-Cercle*, ou de *Prime*, ou d'*Octave*.

D iv

Quand on trouvera quelqu'un qui oppofera la main gauche en tirant *Tierce*, ce fera une preuve qu'il voudra rentrer le même coup, à l'inftant qu'on quittera fa lame pour lui réndre ripofte en *Seconde* : pour lors on ne fera pas mal de volter fur la pofition de fon dehors, & en formant un battement de *Tierce*, qui pourra très-bien lui faire tomber l'arme de la main.

Quand on aura formé toutes les parades qui peuvent garantir le haut & le bas, & cela pour faire la recherche de l'épée de l'Adverfaire, fi on ne la trouve pas, je confeille de lui remettre la pointe au corps.

Si quelqu'un pare fans rendre ripofte, on pourra hardiment redoubler un fecond coup, fans fe relever totalement en garde.

Si, par hazard, on fe trouvoit un peu abandonné, après avoir tiré le coup de *Seconde*, & que l'Adverfaire fe fût fervi de la parade du *demi-Cercle*, il faudra, avant que de fe relever, faire en forte de

former une parade de *Tierce* en baif-
fant la main; & de-là, paffer la pointe
vers fon deffous, en rendant un coup de
main, ce qui produiroit un bon effet;
mais cette opération eft un peu difficile,
à caufe de la production de l'écart.

Etant en mefure, fi l'Adverfaire venoit
à démontrer tout d'un coup une pofition
de main baffe, ainfi que de la pointe,
on pourra à l'inftant fe développer fur
lui, & oppofer en outre la main gauche:
& s'il fait, au contraire, un marquement
aux yeux, il faudra lui tirer *Seconde*.

Comme l'on pourra très-bien rencontrer des poignets forts, & qui réfifteront
au coup fec de la parade, il fera néceffaire de foutenir davantage, & même
de rentrer le coude plus en-dedans; &,
fi c'eft du côté de la *Tierce*, on formera
plus d'obliquité au poignet.

AUTRES.

Quand on aura affaire à quelqu'un qui
formera un battement fur *Tierce*, & qu'en-

suite il se reportera sur la ligne du de-dans, en se repliant sur la partie gauche, on fera mieux de marquer un demi-tems, que de tirer tout d'un coup la *Quarte* sur les armes : &, s'il le fait au-dedans, & qu'il se reporte sur la ligne du dehors, on agira de même, à moins qu'on ne se sente une grande supériorité de vitesse, à cause de la retraite du corps : mais s'il ouvre, avant que de produire le battement, il sera facile d'éviter la lame, & de profiter de cet instant pour tirer ou marquer feinte.

Quand on sentira un battement en position du *demi-Cercle*, il faudra vîte repasser vers la *Seconde*, ou y marquer feinte pour achever en-dessus.

Quand on subira celui où l'on passera la pointe vers le dessous, (étant engagé de *Quarte*) il faudra se porter vîte en *Quarte* sur les armes, & opposer la main gauche, à cause du coup de *Seconde*.

Il sera quelquefois à-propos de rom-pre un pas de mesure, quand on subira un battement ferme.

AUTRES.

Quand on se servira du *Contre* en *Tierce*, en retirant l'avant-bras & les ongles en-dessus, il faudra riposter promptement en *Seconde* ; &, si on rend la riposte en *Quarte* sur les armes, on opposera la main gauche ; sans quoi on sera exposé à recevoir en même tems le coup pour coup, à cause du forcement de lame qui ramene volontiers la pointe de l'Adversaire au corps.

Si on trouve quelqu'un qui pare la *Quarte*, la main élevée & sans nécessité, il sera facile de lui tirer la *Quarte basse*.

Si, par hazard, on se laissoit surprendre par un coup droit de *Tierce* du fort au foible, on cédera en *Prime*, en opposant la main gauche, & l'on rendra riposte. Le dedans est moins sujet à cette surprise, parce que la garde y est portée : mais, si cela arrivoit, on soutiendra seulement davantage son opposition en main élevée, & le coude plus rentré.

Quiconque formera le *demi-cercle* en

main baffe, fera fujet à être touché vers le deffus de la monture, non-obftant le deffous que cette pofition découvre encore.

Quand un Tireur produira fouvent la *Prime*, on le trompera facilement vers le deffous. Il en fera de même pour celui qui fe portera fouvent en *Octave :* fon deffus fera encore en danger. On fera très-bien de varier les parades pour embaraffer davantage fon Adverfaire.

Celui qui entrera en mefure, fans tenir la lame de fon Adverfaire, & encore en courant, fera facilement arrêté d'un coup de tems, foit en rompant, ou en voltant.

Quand on verra quelqu'un qui rompra à chaque inftant, & fans avoir l'épée devant lui, il ne fera pas trop à craindre.

Quand on parera du foible de l'épée, & en rabattant encore la parade, pour lors le Tireur n'aura guère de ripoftes à craindre.

Quand on aura trois femelles de garde, on marchera difficilement, à moins qu'on ne prenne le parti de resserrer le pied gauche vers le droit pour entrer en mesure ; ce qui vaudra mieux que de marcher.

Si quelqu'un tire, la main gauche opposée, on fera très-bien de marquer feinte, au lieu de riposter tout de suite.

Quand on trompera le *Contre* de *Tierce*, (au lieu de rentrer au-dedans) on pourra de tems en tems marquer la feinte de *Seconde*, & achever en *Quarte* sur les armes.

Quand on marquera la feinte de *Seconde* hors la ligne du corps, on pourra prendre le tems en *Quarte* sur les armes, ou bien marquer & tirer *Seconde*.

Si quelqu'un pare foiblement, on pourra lui rentrer le coup.

Si, par hazard, on se laissoit gagner jusqu'au poignet, & cela du côté de la *Tierce*, il sera nécessaire de retirer l'avant-bras, en soutenant son opposition ; cela fait, on lancera le coup de *Seconde* en lâchant le pied gauche : & si c'est au-dedans, on opposera la main gauche, ensuite on tirera la *Quarte basse*.

Celui qui tirera en avançant la main & le corps en même tems pour accélérer à la vitesse de son coup *, il faudra le contrarier par un *Contre*, ensuite lui présenter riposte, ou bien achever.

Quand quelqu'un entrera en pointe basse, la main haute, & en formant des feintes, on prendra le coup de tems sur la position d'*Octave*.

Celui qui marchera en formant un coupé, on l'arrêtera d'un coup de tems.

Si l'Adversaire marche en liant la lame, le tems sera aisé à prendre, pourvu qu'on laisse aller sa main au corps en l'avançant.

Si on entre en mesure avec intrépidité, & en formant des cercles, & qu'ensuite on tire en main basse, la pointe un peu élevée, on rompra un pas, en cherchant

---

* *Nota*. Cette maniere d'agir a son avantage & son danger; car, pour peu que la main ne se présente pas la premiere, le corps devient à la merci de l'Adversaire : ainsi je conseille de ne pas s'accoutumer à cette manœuvre, attendu qu'elle ne doit se pratiquer que pour des demi-Bottes.

parade pointe basse; &, quand on sentira bien la formation de sa parade, on rendra riposte. Il sera aisé, d'après cette manœuvre, de connoître que c'est quelqu'un qui tire sans art; alors on pourra lui livrer tout le corps, & ne plus se servir que de la parade de *Seconde* naturelle, qui éloignera son fer en-dehors; & s'il le fait revenir en dessus, on le parera pour lors en *Tierce*, & en se repliant sur la partie gauche.

Quand l'Adversaire se relevera en racourcissant par trop le bras, & encore en appuyant sur le fer, on dégagera, ou bien on fera un coupé. De plus, si on se releve en pointe haute, & sur une fausse ligne d'opposition, on tirera un coup droit.

Le jeu d'un Gaucher pourra fort-bien embarrasser pendant quelque tems; mais on s'y fera aisément. Quand on tirera dans son dehors, on pourra quelquefois recaver la Botte, la main de *Tierce*. L'avantage d'un Gaucher sur un Droitier vient de ce qu'il prend leçon à droite;

car enfin ce n'eſt que le jeu retourné. Si deux Gauchers tirent enſemble, ils ſe trouveront embarraſſés l'un & l'autre pour le moment.

DES DÉSARMEMENS.

Les ſaiſiſſemens au poignet ſe pratiqueront en formant des paſſes, & l'on aura ſoin de prendre l'arme de ſon Adverſaire à la monture, afin qu'il ne puiſſe pas la reprendre de la main gauche.

Un des meilleurs déſarmemens, c'eſt celui qui ſe trouvera être fait ſur *Quarte,* & dont la pointe eſt au flanc de l'Adverſaire.

Quand on s'abandonnera en tirant, alors le déſarmement en ſera plus facile; ſi c'eſt ſur *Tierce,* on changera de poſition de garde, en la produiſant à gauche; & là, on donnera un coup de genou ſur celui de ſon Adverſaire, & ce coup pourra très-bien lui occaſionner une chûte.

Si l'on ſe trouvoit garde à garde, &
que

que les deux pointes soient hautes, celui qui aura saisi l'arme fera très-bien de lâcher le pied droit en retirant le bras, & en présentant la pointe au ventre à son Adversaire.

Après une parade de *Prime* ou *demi-Cercle*, (si le coup tiré a été abandonné) on pourra désarmer, en faisant passer le bras gauche au-dedans du droit de celui de son Adversaire; & pour lors son arme se trouvera être sous le bras : quoiqu'on en soit muni, il faudra encore lui présenter la pointe au ventre.

Je ne conseille pas de pratiquer le désarmement où l'on est obligé de passer l'arme derriere soi, parce que ce temps-là est trop long, & qu'il faut encore se placer en garde à gauche en le produisant.

Quand on désarmera par un battement, il n'est pas d'usage de rendre la Botte : mais, si c'est après avoir paré, on pourra riposter, attendu qu'on n'est pas toujours le maître de son premier mouvement. Comme le battement pro-

E

duit le même effet que la parade, il semble que le coup doit être tiré en même tems : cependant on doit s'attendre, en le formant, que l'Adversaire pourra prendre le tems ; ainsi la réflexion doit empêcher de donner la Botte, sur-tout quand on a dessein de désarmer par le battement.

AUTRES REMARQUES.

Celui qui parera de *Prime*, & qui ensuite reviendra parer *Quarte*, perdra le tems de sa premiere riposte : de plus, la formation de cette *Prime* est ordinairement trop à bras raccourci, attendu qu'il faut, pour bien opérer cette manœuvre, que la main se porte jusqu'à la joue gauche : ainsi il sera facile de tromper celui qui agira de cette maniere en marquant des demi-tems.

Celui qui voltera en présentant le dos, pourra très-bien y recevoir une Botte, sur-tout quand il n'aura pas jugé le coup ; par conséquent elle peut être de bon aloi.

Pareille chose peut arriver à ceux qui se retournent après avoir tiré ; & ce sera l'effet de la riposte.

La volte, sur la ligne du dehors de l'Adversaire, doit être faite plus promptement que sur celle du dedans, parce que sa pointe reste plus sur le corps ; & elle n'est guère possible, par rapport à la manœuvre des deux pieds qu'il faut y pratiquer : si, en la produisant, on ne trouve pas jour à tirer sur le dessus des armes, on passera la pointe en-dessous en *Quarte basse.*

✽ Si, par hazard, on se trouvoit fatigué sur sa garde, & qu'on voulût toujours être sur la défensive, on pourra roidir les genoux un instant pour se délasser, ensuite on les repliera.

On ne fera pas mal de se procurer un mois ou deux de *contre-pointe*, & quand on sera suffisamment instruit, on pourra mieux se défendre : en voici une idée.

Ordinairement un Contre - Pointeur présente des demi-tems en position de garde d'Espadon ; &, sitôt qu'on s'oppose

en parade, il frappe au poignet en for
mant retraite ; mais souvent son coup
est donné sur la monture.

Pour éviter cette manœuvre, il sera
nécessaire de retirer le bras près du corps,
& sur la ligne d'opposition du dehors ; &,
en outre, le pied droit vers le gauche.

Et quand il marquera à la tête, on
s'opposera à son arme, en la renvoyant de
Tierce, mais à bras courbe, & les ongles
en-dessus ; ensuite on tirera *Seconde*, en
le serrant de près avec le pied gauche.

Quand il marquera à la cuisse ou à la
jambe, on retirera le pied droit vers le
gauche, & ensuite on se développera
hardiment sur lui.

Et, si l'on veut lui présenter la main,
on en sera le maître ; mais il faudra la
retirer à l'instant, & profiter du moment
qu'il voudra la frapper, pour tirer d'un
autre côté.

Il est inutile de parler ici de son coup
de pointe, attendu qu'en le pratiquant,
il exercera pour lors notre jeu.

Si, par hazard, on avoit à combattre

une hallebarde ou autre arme fort longue, qu'on seroit obligé de tenir à deux
mains pour s'en servir, on se placera en
garde la main près du corps, les ongles en-
dessus, & sur la ligne du dehors ; &, sitôt
qu'on verra arriver le coup, on se portera
vîte sur l'opposition du dedans, le coude
plus rentré qu'à l'ordinaire,& en opposant
encore la main gauche ; ensuite on avancera promptement en passe, & l'on déterminera son coup en *Quarte.*

Comme il est fort difficile de combattre le jeu du bâton à deux bouts, dont
la plupart des Bretons (d'un certain
état) font usage, je n'entreprendrai pas
ici d'en faire mention ; car enfin ils produisent un moulinet si prompt, qu'on
peut dire qu'ils renvoient des pierres qui
leur sont lancées, & qu'en même tems
ils allongent des coups presque impa-
rables.

Le fléau est pour le moins aussi dange-
reux : cependant quelques Maîtres ont
dit qu'on pouvoit combattre ces armes-
là, en jettant une veste ou autre chose

pour en arrêter le moulinet : pour moi, je crois que c'est-là une pauvre reſſource.

Remarques ſur de faux principes.

Comme les Commençans n'ont point d'expérience, & qu'ils pourroient fort bien adopter certains principes ; je vais leur en donner une idée, afin de les en garantir.

1°. La garde qui repréſentera le bras tendu, la main partagée entre la *Tierce* & la *Quarte*, le genou droit roide, le corps très en arriere, & la pointe au corps, démontrera, au premier coup-d'œil, une poſition très-avantageuſe, en ce qu'elle paroîtra préſenter une barriere invincible. On fait remarquer que cette poſition procurera un avantage conſidérable pour la parade, en ce qu'il ne s'agira que de tourner la main pour ſe garantir ; &, de plus, que le premier tems de la main eſt déja produit, & qu'il n'y a plus qu'à tirer du fort au foible, & même que l'oppoſition eſt déja priſe, pour peu que l'on tourne le poignet.

2°. La parade de *Tierce*, en pointe basse, ne laisse point de vuide comme celle de pointe haute ; &, en outre, la pointe est mieux placée sur le corps de l'Adversaire, par conséquent accélere à la riposte. Et, à l'égard de la parade de *Quarte*, (aussi à bras tendu) elle a le même avantage que la *Tierce*.

3°. La position du corps allongé, (en tirant) touche de plus loin ; & même la tête sous la ligne du bras est plus garantie d'un mauvais coup.

Réfutation des principes ci-dessus.

1°. Cette garde ne procure point d'élasticité au corps ni au poignet.

2°. La parade de *Tierce* & de *Quarte* est souvent produite du foible de l'épée ; &, de plus, la *Tierce*, ainsi parée, ramene souvent la pointe de l'Adversaire au corps ; & même quand on est obligé de parer un peu de près, on se trouve quelquefois forcé de produire la parade sur le bras ou sur la main de son Adversaire.

E iv

3°. Le corps par trop allongé ôte la liberté de se relever facilement ; &, de plus, empêche les reprises de main, &c.

Comme le but de ce petit Ouvrage n'est que de démontrer les vrais principes; on n'entrera pas dans un plus long détail, chacun pratiquera sa méthode ; & celle qui procurera le vrai moyen de se défendre, & d'être vainqueur , sera sans contredit la meilleure : car enfin l'Art de tirer des armes est de toucher & de n'être pas touché ; mais je dis que les principes qui donneront de l'élasticité, doivent être préférés à tous autres ; & même j'ose avancer que, si on pouvoit les pratiquer avec toute la justesse, la précision & le jugement dont cet Art est susceptible , il ne seroit guère possible d'être vaincu : mais il suffit d'être homme pour faillir.

REMARQUES.

Comme le jeu du coup de tems est très-difficile, & qu'il y a des jeunes gens

qui veulent le pratiquer à l'Assaut avant
qu'ils soient en état d'en connoître toutes
les difficultés, je crois qu'il est ici à propos
de leur en faire voir tout le danger, sur-
tout quand il s'agira de l'exécuter sur un
dégagement fait, la pointe au corps. Ce
jeu ne peut être entrepris que par quelqu'un qui a beaucoup de vitesse & de jugement dans cet Art; sans quoi, les coups
pour coups y sont très-fréquens.

Premierement, l'intention du Tireur
est toujours de l'emporter de vitesse sur
celui qui dégage; &, dans cette espérance,
il tire, mais souvent sans opposition ; ce
qui produit pour lors le coup pour coup,
quand même ce seroit *Tierce* pour *Tierce*,
Quarte pour *Quarte*, *Seconde* pour *Seconde*, *Quarte basse* pour *Quarte basse*.

Comme les Combattans pourroient
avoir quelque contestation à ce sujet, il est
bon de dire que le Tireur fait la premiere
faute en manquant son opposition, &
l'autre la seconde en ne parant pas : cependant, si le Tireur prend la ligne du
dessus, & que l'autre prenne celle du

deſſous, pour lors la faute ſera totalement ſur celui qui aura tendu , en ce que
l'on ne peut pas occuper le deſſus & le
deſſous en même tems.

Quand quelqu'un rompra à l'inſtant
qu'on lui tirera, il ſera inutile de ſe relever ; mais il faudra ſe remettre en garde
en reſſerrant le pied gauche vers le droit,
afin de le rejoindre ſans marcher à lui.

Quand un jeune homme aura bien
exercé le corps & le poignet ſur tout ce
qui a été dit, il pourra après cela choiſir
un Maître qui le perfectionnera dans
l'exécution de cet Art ; & même chaque
fois qu'il prendra leçon, il s'attachera à
obſerver les fautes que le Maître eſt obligé
de faire pour ſe laiſſer toucher : cette
attention exacte lui donnera la facilité
de connoître où ſon Adverſaire man-
quera, & ce ſera à lui à en profiter,
quand il fera Aſſaut. Il faut, en outre,
qu'il faſſe attention que la leçon de pied
ferme lui procurera le jeu de parades &
de ripoſtes, & même celui du coup de
tems ; & quand il marchera & rompra,

celui d'attaques & de retraites.

De plus, il ne doit pas trouver mauvais que le Maître ne lui livre pas toujours son plastron, quoique cela soit très-pénible ; mais, par la suite, il s'en trouvera bien, en ce qu'il s'accoutumera à soutenir son coup

Je crois en avoir suffisamment dit sur cette matiere, pour procurer aux jeunes gens la Théorie de cet Art : ainsi, ce sera à eux, après cela, de s'en donner la pratique.

F I N.

Nota. On trouvera peut-être ridicule que la main gauche vienne si souvent au secours de la droite, attendu qu'elle oblige l'épaule à perdre sa vraie position ; mais il faut, de deux maux, éviter le pire, sur-tout dans une affaire sérieuse : enfin on a deux bras, c'est pour s'en servir dans l'occasion. D'ailleurs, la critique de cet Ouvrage entrera parfaitement dans les vues de l'Auteur, dont l'unique but est de procurer à la Jeunesse les moyens les plus sûrs & les plus faciles pour parvenir à la connoissance de cet Art.

PRIVILÉGE DU ROI.

LOUIS, par la grace de Dieu, Roi de France & de Navarre : A nos amés & féaux Conseillers, les Gens tenans nos Cours de Parlement, Maîtres des Requêtes ordinaires de notre Hôtel, Grand-Conseil, Prévôt de Paris, Baillifs, Sénéchaux, leurs Lieutenans Civils & autres nos Justiciers qu'il appartiendra : SALUT, notre amé le Sieur BATIER Nous a fait exposer qu'il désireroit faire imprimer & donner au public *La Théorie pratique de l'Escrime* de sa composition, s'il Nous plaisoit lui accorder nos Lettres de Permission pour ce nécessaires. A CES CAUSES, voulant favorablement traiter l'Exposant, Nous lui avons permis & permettons par ces Présentes, de faire imprimer ledit Ouvrage autant de fois que bon lui semblera, de le faire vendre & débiter par tout notre Royaume pendant le temps de trois années consécutives, à compter du jour de la date des Présentes. FAISONS défenses à tous Imprimeurs, Libraires, & autres personnes, de quelque qualité & condition qu'elles soient, d'en introduire d'impression étrangere dans aucun lieu

de notre obéiſſance : à la charge que ces Préſentes
ſeront enregiſtrées tout au long ſur le Regiſtre de
la Communauté des Imprimeurs & Libraires de
Paris, dans trois mois de la date d'icelles ; que
l'impreſſion dudit Ouvrage ſera faite dans notre
Royaume & non ailleurs, en beau papier & beaux
caractères ; que l'Impétrant ſe conformera en tout
aux Réglemens de la Librairie, & notamment à
celui du dix Avril mil ſept cent vingt-cinq, à
peine de déchéance de ladite Permiſſion ; qu'a-
vant de l'expoſer en vente, le Manuſcrit qui aura
ſervi de copie à l'impreſſion dudit Ouvrage, ſera
remis dans le même état où l'Approbation y aura
été donnée, ès mains de notre très-cher & féal
Chevalier, Chancelier Garde des Sceaux de
France, le Sieur DE MAUPEOU ; qu'il en ſera
enſuite remis deux Exemplaires dans notre Bi-
bliothéque publique, un dans celle de notre Châ-
teau du Louvre, & un dans celle dudit Sieur DE
MAUPEOU, le tout à peine de nullité des Préſentes ; du contenu deſquelles vous mandons &
enjoignons de faire jouir ledit Expoſant & ſes
ayans cauſe, pleinement & paiſiblement, ſans
ſouffrir qu'il leur ſoit fait aucun trouble ou em-
pêchement. Voulons qu'à la Copie des Préſentes
qui ſera imprimée tout au long, au commence-
ment ou à la fin dudit Ouvrage, foi ſoit ajoûtée
comme à l'Original. Commandons au premier
notre Huiſſier ou Sergent ſur ce requis, de faire
pour l'exécution d'icelles tous actes requis & né-
ceſſaires, ſans demander autre permiſſion , &

non-obſtant clameur de Haro, Charte Normande
& Lettres à ce contraires; CAR tel eſt notre plaiſir.
DONNÉ à Paris, le quinziéme jour du mois de
Janvier, l'an de grace mil ſept cent ſoixante-
douze, & de notre Regne le cinquante-ſeptiéme.
Par le Roi, en ſon Conſeil.

LE BEGUE.

*Régiſtré ſur le Regiſtre XVIII de la Chambre
Royale & Syndicale des Libraires & Imprimeurs de
Paris, Nº. 1872, fol. 595, conformément au
Réglement de 1723; qui fait défenſes, article 41,
à toutes perſonnes de quelque qualité & condition
qu'elles ſoient, autres que les Libraires & Imprimeurs, de vendre, débiter, faire afficher aucuns
livres pour les vendre en leurs noms; ſoit qu'ils s'en
diſent les Auteurs ou autrement, & à la charge de
fournir à la ſuſdite Chambre neuf exemplaires preſ-
crits par l'art. 208 du même Réglement. A Paris
ce 27 Janvier 1772.*

HÉRISSANT, *Syndic.*

www.ingramcontent.com/pod-product-compliance
Ingram Content Group UK Ltd.
Pitfield, Milton Keynes, MK11 3LW, UK
UKHW020329130726
13696UKWH00003B/1241